Jörn Borke · Alke Brouer · Hanna Bruns · Paula Döge · Beate Hamilton-Kohn
Vanessa Harting · Joscha Kärtner · Hannelore Kleemiß · Karina Pypec

Kultursensitive Krippenpädagogik

Anregungen für den Umgang mit kultureller Vielfalt

verlag das netz

Weimar

ISBN 978-3-86892-086-4

Lektorat: Erika Berthold
Fotos: Klaus G. Kohn
Gestaltung: Jens Klennert, Tania Miguez
Druck und Bindung: Druckhaus Gera GmbH
Printed in Germany
Weitere Informationen finden Sie unter: www.verlagdasnetz.de

Inhalt

Vorwort

Wir alle entwickeln in unseren Familien und im nahen sozialen Umfeld Vorstellungen davon, wie Kinder aufwachsen sollten. Diese Vorstellungen sind für uns selbstverständlich; sie sind das, was wir als »normal« betrachten. Wie unterschiedlich sie jedoch sein können, wird deutlich, wenn Kinder nicht mehr nur in ihren Familien, sondern auch in Kindertagesstätten oder von Tagesmüttern betreut werden. Dort treffen Familien auf pädagogische Fachkräfte, die aufgrund ihrer Ausbildung, ihrer persönlichen Erfahrungen, ihres sozialen und kulturellen Hintergrundes möglicherweise anders mit Kindern umgehen.

Unser Heft richtet sich an pädagogische Fachkräfte, die mit Kindern unter drei Jahren arbeiten, sich für kulturell bedingte Unterschiede in der Betreuung und Bildung von Säuglingen und Kleinkindern interessieren und sich damit intensiver auseinander setzen möchten. Wir greifen einzelne Themen und Situationen aus dem Betreuungsalltag auf und weisen auf Punkte hin, an denen unterschiedliche Auffassungen aufeinander treffen und zu Missverständnissen führen können – sei es in der Arbeit mit dem Kind oder bei der Abstimmung mit den Eltern.

Es geht uns nicht um die Wertung kultureller Unterschiede, sondern wir wollen Verständnis für unterschiedliche Ansichten wecken, indem wir auf der Grundlage kulturvergleichender, entwicklungspsychologischer Forschung alternative Erklärungsansätze aufzeigen. Dabei beziehen wir uns vor allem auf die Arbeiten von Prof. Dr. Heidi Keller und ihrer Arbeitsgruppe von der Forschungsstelle »Entwicklung, Lernen und Kultur« des Niedersächsischen Instituts für frühkindliche Bildung und Entwicklung (nifbe).[1]

Am Ende jedes Themenbereichs fassen wir die wichtigsten inhaltlichen Aussagen in Merkpunkten zusammen. Außerdem haben wir Fragen zusammengestellt, mit deren Hilfe Sie Ihre Tätigkeit und den konzeptionellen Umgang mit kultureller Vielfalt in Ihrer Betreuungseinrichtung reflektieren können. Jeder Themenbereich wird durch ein Fallbeispiel gerahmt.

Das Heft entstand im Rahmen der Arbeitsgruppe »Kultursensitive Aspekte in der Krippenpädagogik« des Niedersächsischen Institutes für frühkindliche Bildung und Entwicklung, in der Fachleute aus Praxis und Wissenschaft Schlüsselsituationen des Krippenalltags hinsichtlich einer kultursensitiven Herangehensweise untersuchten. Die Stadt Oldenburg, der Verein für Kinder e.V. Oldenburg und Vertreter des Fachgebiets »Entwicklung und Kultur« der Universität Osnabrück waren ebenfalls beteiligt.

Unser besonderer Dank gilt den Mitarbeiterinnen und Mitarbeitern der kooperierenden Krippen der Stadt Oldenburg und dem Verein für Kinder e.V. Oldenburg, die unsere Ideen auf ihre Alltags- und Praxistauglichkeit überprüften und uns hilfreiche Rückmeldungen gaben.

Wir hoffen, Ihnen mit diesem Heft Anregungen vermitteln zu können, die Ihnen helfen, sich mit den kulturell geprägten »Selbstverständlichkeiten« in Ihrer Einrichtung auseinander zu setzen, und möchten Sie im kultursensitiven Vorgehen unterstützen.

Das Autorenkollektiv
April 2013

---

1 Weitere Informationen und vertiefende Literatur: Borke, J./Döge, P./Kärtner, J.: Kulturelle Vielfalt bei Kindern in den ersten drei Lebensjahren – Anforderungen an frühpädagogische Fachkräfte. WiFF Expertise, Band 16, DJI, München 2011. Als pdf-Version kostenlos herunterzuladen: http://www.weiterbildungsinitiative.de; Keller, H.: Kinderalltag. Springer, Heidelberg 2011

Wie wir Kultur verstehen

Wenn wir den Begriff »Kultur« benutzen, beziehen wir uns nicht auf ein Land oder eine bestimmte Nation, denn in vielen Ländern und Nationen gibt es große Unterschiede zwischen den Lebensweisen von Familien. Dazu gehört auch, was den Eltern in der Erziehung ihrer Kinder wichtig ist und wie sie im (Erziehungs-)Alltag mit den Kindern umgehen.

Im Folgenden soll dargestellt werden, anhand welcher Kriterien sich solche Lebensweisen, die wir kulturelle Kontexte nennen, einordnen lassen und was für Schlüsse daraus gezogen werden können.

Kultur verstehen wir als von Menschen geteilte Deutungs- und Verhaltensmuster, die an ökonomische und soziale Ressourcen des Umfelds, in dem diese Menschen leben, angepasst sind. Das heißt, dass Menschen, die in ähnlichen familiären Konstellationen leben, durch Schule und berufliche Qualifikationen im gleichen Ausmaß formal gebildet sind und über den gleichen sozioökonomischen Status verfügen, ähnliche Vorstellungen davon haben, wie kindliche Entwicklung verlaufen sollte, was gutes und entwicklungsförderliches elterliches oder pädagogisches Handeln ausmacht. Davon leitet sich ihr Verhalten im Umgang mit ihren Kindern ab; es ist den jeweiligen Überzeugungen und Vorstellungen angepasst.

Je nach dem Umfeld, in dem die Familienmitglieder aufgewachsen sind, können also unterschiedliche Vorstellungen und Verhaltensweisen sowie unterschiedliche Erwartungen an die Arbeit in Kinderkrippen darüber vorhanden sein, wie man Kinder sinnvoll auf das Leben in diesem Umfeld vorbereitet.

Zu den Grundbedürfnissen und Grundprinzipien menschlichen Erlebens und Verhaltens zählen Autonomie und Verbundenheit, die von Menschen verschiedener kultureller Hintergründe jedoch unterschiedlich stark betont werden. Eine Form der Autonomie, die wir psychologische Autonomie nennen, umfasst Werte wie Selbstbestimmung, Unabhängigkeit, Individualität, Entscheidungsfreiheit und Selbstständigkeit. Bei Verbundenheit stehen die Gemeinschaft mit anderen Menschen, die soziale Einbindung und prosoziales Verhalten im Vordergrund. Während in westlichen Industriestaaten Autonomie im öffentlichen Leben – also auch in der öffentlichen Kindertagesbetreuung – dominiert, strebt man in anderen kulturellen Kontexten stärker nach Verbundenheit.

Genau genommen gibt es unendlich viele Möglichkeiten, wie stark die Orientierung an Autonomie und Verbundenheit ausgeprägt ist. An zwei Extrembeispielen wollen wir die Bedeutung dieser Orientierung für die Erziehung und Entwicklung von Kindern erläutern:

Orientieren sich Eltern überwiegend an Autonomie – bei den meisten Müttern und Vätern aus der westlichen Mittelschicht ist das der Fall –, sind sie daran interessiert, dass ihre Kinder so früh wie möglich lernen, sich allein zu beschäftigen und ihre Wünsche oder Interessen auszudrücken. Sie werden vermutlich zeitig damit beginnen, die Kinder in ihren eigenen Bettchen schlafen zu lassen. Ebenso zeitig werden sie ihnen Gelegenheit geben, sich beim Essen zwischen verschiedenen Angeboten zu entscheiden, und sie werden sich nach den kindlichen Vorlieben beim Spiel richten.

Überwiegend an Verbundenheit orientierte Eltern – zum Beispiel aus nichtwestlichen ländlichen Gegenden, aber zum Teil auch aus ländlichen westlichen Gegenden – sind hingegen daran interessiert, dass ihre Kinder lernen, Teil einer Gemeinschaft zu sein, sich in die Familie einzuordnen, auf Ältere zu hören, mit anderen Menschen zu teilen und sich auch um deren Wohlergehen zu sorgen. Kinder dieser Eltern werden sich wahrscheinlich das Zimmer und möglicherweise sogar das Bett mit Eltern oder Geschwistern teilen. Ihnen wird vorgegeben, was sie essen sollen, und es wird erwartet, dass sie den Eltern gehorchen.

Diese Beispiele zeigen, wie sehr elterliche Erwartungen und elterliches Erziehungsverhalten variieren können. Immer aber sind sie verbunden mit Vorstellungen über »gute« oder »richtige« Kindererziehung und haben ihre Berechtigung.

Die Frage ist, warum ein bestimmtes pädagogisches Vorgehen von den Eltern bevorzugt wird. Um sie zu beantworten, muss man Bezüge zu den jeweiligen Hintergründen der Familien herstellen. Dies ist auf der Basis des gegenseitigen Kennenlernens möglich. Respekt, Verständnis und die Bereitschaft, Wege zu finden, signalisieren den Eltern, dass sie mit ihren Wünschen und Erfahrungen ernst genommen werden. So kann eine Arbeitsatmosphäre entstehen, die von allen Beteiligten als passend und angenehm erlebt werden kann.

Kultursensitive Haltung

Aus der Praxis

Eine Mutter kündigt in der Krippe an, dass Milosch und Joenne in den nächsten vier Wochen bei den Großeltern sein werden, da beide Eltern in dieser Zeit beruflich sehr eingespannt sind. Die Erzieherinnen sind irritiert, weil die Großeltern in einer anderen Stadt wohnen und die Kinder bisher wenig Kontakt zu ihnen hatten.

Für eine kultursensitive Haltung ist es bedeutsam, sich zuerst mit dem kulturellen Hintergrund, in dem man aufwuchs und lebt, auseinander zu setzen und sich bewusst zu machen, welchen Einfluss diese Erfahrungen auf die eigene Entwicklung hatten und haben. Hilfreich ist es auch, sich Begegnungen mit anderen kulturellen Kontexten – zum Beispiel während eines Auslandsurlaubs – in Erinnerung zu rufen, um sich besser in Familien mit anderen kulturellen Hintergründen einfühlen zu können.

Unser Umgang mit Kindern wird stark von den Erfahrungen geprägt, die wir als Kinder machten. Unsere Sozialisationsziele, unser Bild vom Kind und unsere Methoden der Erziehung sind in hohem Maße von dem kulturellen Umfeld abhängig, in dem wir aufgewachsen sind.

Die Krippe wird von Familien aus unterschiedlichen sozialen Lebensbedingungen genutzt. Zunehmend wird sie auch von Müttern und Vätern in Anspruch genommen, die oder deren Eltern zugewandert sind und deshalb einen anderen kulturellen Erfahrungshintergrund mitbringen.

Um allen Familien gerecht werden zu können, ist es erforderlich, dass pädagogische Fachkräfte über Wissen

hinsichtlich unterschiedlicher kultureller Kontexte und deren Bedeutung für das elterliche Verhalten verfügen. Gleichzeitig erfordert die kultursensitive Arbeit in Kinderkrippen eine besondere Haltung. Sie wird durch die Bereitschaft gekennzeichnet, sich mit dem eigenen kulturellen Hintergrund auseinander zu setzen und sich bewusst zu machen, dass es unterschiedliche Erziehungsvorstellungen und -systeme gibt. Vor allem aber zeichnet sie sich dadurch aus, einzelne Aspekte oder Verhaltensweisen nicht vorschnell zu bewerten. Offenheit, Neugier, Respekt und die Bereitschaft, auf

Eltern zuzugehen, ermöglichen es, Einstellungen und ihre Hintergründe zu verstehen, eigene Sichten zu überprüfen und – bei unterschiedlichen Meinungen oder Wünschen – Kompromisse zu finden und anzubieten.

Uns fremde Verhaltens- und Sichtweisen im Umgang mit kleinen Kindern irritieren uns möglicherweise. Wir halten sie vielleicht für unzeitgemäß oder sogar für schädlich. In solchen Fällen bedarf es einer genauen Abwägung, für die Erfahrung, Wissen und Gespür notwendig sind: Ist die Familie überfordert und braucht

Merkpunkte

- Auseinandersetzung mit dem eigenen kulturellen Hintergrund: Wo komme ich her?
- Einfühlen in das Erleben von kultureller Fremdheit;
- Offenheit, Neugier und Respekt in der Begegnung mit Kindern und Eltern;
- keine vorschnelle Bewertung ungewohnter Situationen;
- Verstehen-Wollen anderer Sichtweisen und Umgangsformen;
- Offenheit für Veränderungen der eigenen Position;
- Fähigkeit, gemeinsam nach Kompromissen zu suchen.

Reflexionsfragen

- Inwiefern ist das Thema »Kulturelle Vielfalt« in der Einrichtung präsent?
- Wie gehen wir mit kultureller Vielfalt um? Wie machen wir sie sichtbar?
- Wie fühle ich mich in der Begegnung mit Familien, die einen anderen kulturellen Hintergrund haben?
- Wie weit habe ich mich mit meiner eigenen kulturellen Sozialisation auseinander gesetzt?
- Was weiß ich über Erziehung in anderen Ländern und Kulturen?
- Wie gehen wir mit uns ungewohnten Erwartungen und Wünschen um?

Unterstützung? Oder ist das elterliche beziehungsweise kindliche Verhalten Teil eines in sich stimmigen kulturellen Modells, das die Eltern richtig und förderlich finden?

Nicht immer sind diese Fragen eindeutig zu beantworten. Der Dialog mit den Eltern, in dem das Verstehen-Wollen im Vordergrund steht, liefert die Basis, auf der alle Beteiligten nach einer passenden Vorgehensweise suchen können.

Zurück zur Praxis

Die Erzieherinnen im obigen Beispiel finden: Kinder sollten nicht so lange in der Obhut der Großeltern bleiben, wenn sie sie nicht gut kennen. In anderen kulturellen Kontexten ist es jedoch nicht unüblich, dass Kinder von allen Mitgliedern der (Groß-)Familie betreut werden – selbst wenn dies an einem entfernten Ort geschieht und eine längere Trennung von den Eltern erfordert. Im Fokus steht das Erleben der familiären Gemeinschaft und des familiären Zusammenhalts. Der Vorrang der elterlichen Betreuung und die dadurch entstehende exklusive Beziehung zwischen Eltern und Kindern spielen dagegen eine weniger große Rolle.

Dialog mit Eltern

Die Erzieherinnen wundern sich darüber, dass die Mutter von Nathalie, die einen russischen Migrationshintergrund hat, nicht in den Gruppenraum kommt, sondern beim Abholen und Bringen an der Tür stehen bleibt. Sie vermuten, dass die Mutter nicht an der pädagogischen Arbeit interessiert ist.

In der Tagesbetreuung von Kindern unter drei Jahren sorgt die intensive Zusammenarbeit von Eltern und pädagogischen Fachkräften dafür, dass sich die Kinder und ihre Familien langfristig in der Einrichtung wohlfühlen. Vor allem in der Krippe ist es wichtig, der Familie mit Respekt und Sensibilität zu begegnen, um dem Kind einen guten Übergang in die Krippe zu ermöglichen, denn oft findet hier die erste Öffnung des Elternhauses nach außen statt. Es gilt, eine Vertrauensbasis zu schaffen, die den Austausch von Erfahrungen über die Bedürfnisse des Kindes und seiner Familie ermöglicht.

Der Auftrag der pädagogischen Einrichtungen, mit den Eltern eine vertrauensvolle Beziehung zum Wohle des Kindes aufzubauen, ist in den Bildungsplänen der Bundesländer und in den gesetzlichen Grundlagen enthalten. Ziel ist die Erziehung und Entwicklung des Kindes zu einer eigenverantwortlichen und gemeinschaftsfähigen Persönlichkeit – in einem partnerschaftlichen Verhältnis mit den Eltern.[2]

Die Kooperation mit Eltern basiert auf den Werten und Normen unserer Gesellschaft und ist vorwiegend auf die Unterstützung von Autonomie gerichtet. Deshalb stellt die Zusammenarbeit mit eher verbundenheitsorientierten Familien die pädagogischen Fachkräfte unter Umständen vor große Herausforderungen, da ihnen Einstellungen und Verhaltensweisen dieser Familien ungewohnt erscheinen können.

Unterschiedliche kulturelle Lebensgewohnheiten, insbesondere die Kommunikations- und Gesprächskulturen, können mit der Herkunft der Familien und – selbst innerhalb eines Landes – mit dem soziodemografischen Hintergrund der Familien zusammenhängen. Neben verschiedenen Vorstellungen über die Erziehung von Kindern können verschieden wahrgenommene Status- und Machtverhältnisse den angestrebten Dialog erschweren.

Familien sind also keine homogenen Gruppen. Die pädagogischen Fachkräfte stehen vor der Herausforderung, auf diese Vielfalt einzugehen, dem Leitbild ihrer Einrichtungen dennoch zu folgen und ihr Fachwissen einzubringen.

Die partnerschaftliche Zusammenarbeit ist für Eltern mit verbundenheitsorientiertem kulturellen Hintergrund keine Selbstverständlichkeit. Möglicherweise sehen sie die Krippe als eine Institution, der Autorität zukommt, weil sie über hohe pädagogische Kompetenz verfügt, und verhalten sich aus diesem Grund zurückhaltend. Das kann zu Irritationen führen, die jedoch nicht als Desinteresse am eigenen Kind oder der Einrichtung interpretiert werden sollten. Meist stecken unterschiedliche kulturelle Vorstellungen über die Gestaltung des Kontakts miteinander dahinter.

Auf der Kommunikationsebene bevorzugen Menschen aus autonomiegeprägten Kontexten den direkten Weg. Äußerungen werden zielgerichtet und genau formuliert. Demgegenüber praktizieren Menschen mit einem verbundenheitsorientierten Hintergrund eher den indirekten Kommunikationsstil. Es kann als unhöflich gelten, insbesondere als unangenehm empfundene Sachverhalte direkt anzusprechen. Kritik oder Unwillen werden deshalb eher umschrieben. Das kann zur Folge haben, dass Eltern selbst nach direkter Ansprache wenig über ihre Einstellungen, Meinungen und ihren Familienalltag berichten. In Konfliktgesprächen weichen sie möglicherweise aus oder lenken vom Thema ab. Das ist für beide Seiten unbefriedigend. Eventuell kann es hilfreich sein, den eigenen Kommunikationsstil zu reflektieren und Handlungsstrategien im Team zu besprechen.

Bei Familien mit einem verbundenheitsorientierten Hintergrund spielen Hierarchien in Gruppen und Insti-

---

2 Siehe: Sozialgesetzbuch – Kinder- und Jugendhilfe (SGB VIII) sowie die länderspezifischen Ausformulierungen des KJHG

tutionen oft eine große Rolle. Demzufolge erwarten diese Familien im Gespräch von der pädagogischen Fachkraft eine direktive Ansprache und lassen sich nur ungern auf den dialogischen Austausch ein, weil sie ihn als unangemessen empfinden.

Schwierigkeiten können sich im Alltag auch ergeben, wenn Väter die Familie gegenüber der Öffentlichkeit repräsentieren und für die Mütter, die intern zwar für die Kinder zuständig sind, festlegen, wie sie sich gegenüber der Außenwelt zu verhalten haben. In solchen Fällen sind Überlegungen zur Einhaltung von Umgangsformen wichtig. Beispielsweise kann es unangemessen sein, dass ein Mann Frauen zur Begrüßung die Hand reicht.

Um Konflikte bezüglich unterschiedlicher Erziehungsvorstellungen zu vermeiden, ist es hilfreich, schon in der Kennenlernphase über entsprechende Wahrnehmungen zu sprechen. Situationen, die im pädagogischen Alltag auftreten und für die pädagogischen Fachkräfte irritierend sind, können im Dialog mit den Eltern geklärt werden. Voraussetzung für gelingende Gespräche ist es, auf Wertungen oder Zuschreibungen zu verzichten. Vielmehr geht es darum, die Perspektive der Eltern, ihre Gefühle, Ideen und Überzeugungen kennen zu lernen, sie zu verstehen und sich ehrlich darum zu bemühen, Verständnis für fragliche Situationen zu entwickeln.

Gerade Familien mit verbundenheitsgeprägtem kulturellen Hintergrund befürchten vielleicht, mit ihrer Kultur in der Mehrheitsgesellschaft nicht wahrgenommen zu werden, und stehen im Konflikt zwischen der Anpassung an die hiesige Gesellschaft und dem Erhalt der eigenen Kultur. Solche Befürchtungen und Konflikte können sich auch in der Kindererziehung widerspiegeln. Aufgabe der Krippen-Teams ist es, ausgleichend mit diesen Spannungen umzugehen und den unterschiedlichen Anforderungen der Eltern an die Erziehung mit einer offenen und ressourcenorientierten Haltung[3] zu begegnen.

---

3 Näheres siehe: Kapitel »Kultursensitive Haltung«

Merkpunkte

- Jede Familie hat ihre eigene Familienkultur. Dennoch können Gemeinsamkeiten zwischen Familien mit ähnlichen soziodemografischen Merkmalen und ähnlichen kulturellen Kontexten bestehen.
- Eine intensive Reflexion und Auseinandersetzung mit unterschiedlichen Gesprächskulturen und Erziehungsvorstellungen kann die Zusammenarbeit mit Eltern erleichtern.
- Jeder Mensch hat Vorurteile, die unbewusst zur Bewertung elterlichen Verhaltens führen können. Eine Reflexion kann helfen, unangemessene Be- und Verurteilungen zu vermeiden.

Reflexionsfragen

- Wie beeinflusst mich meine eigene Sozialisation in der Zusammenarbeit mit Eltern?
- Was tun wir als Team, um einen kultursensitiven Dialog mit Eltern zu ermöglichen?
- Welches Wissen haben wir über die unterschiedlichen Familienkulturen in unserer Krippe?
- Wie weit können die unterschiedlichen Familienkulturen im Krippen-Alltag berücksichtigt werden?
- Wie offen gehen wir mit kulturellen Unterschieden um?
- Welche Möglichkeiten haben wir, Elternkontakte und Elterngespräche je nach den familiären Hintergründen unterschiedlich zu gestalten?
- Welche kulturell bedingten Erziehungsvorstellungen sind mir bekannt? Was weiß ich über sie? Wie sind sie zu erklären?
- Wie begründen wir unsere Pädagogik gegenüber den Eltern?
- Wie viel Toleranz kann ich/können wir für unterschiedliche Erziehungspraktiken aufbringen? Wo setzen wir Grenzen?
- Welche Hilfen gibt es, wenn die sprachliche Verständigung schwierig ist?

Der Hausbesuch kann als eine Form des gegenseitigen Kennenlernens genutzt werden und zum positiven Beziehungsaufbau beitragen. Bei jedem Hausbesuch sollte sensibel vorgegangen und zuvor im Team diskutiert werden, welches Ziel mit dem Hausbesuch verfolgt wird und wie sich die pädagogische Fachkraft dabei verhalten kann. Möglicherweise bestehen bei manchen Familien Vorbehalte, die zum Beispiel negativen Erlebnissen mit Behörden geschuldet sind. Ein Hausbesuch im Rahmen des Krippenalltags ist daher kein Ort für Konfliktgespräche, sondern sollte immer eine positive Begegnung ermöglichen. Der Eindruck, kontrolliert zu werden, darf für die Familien nicht entstehen.

Zurück zur Praxis

In den Betreuungseinrichtungen im Herkunftsland von Nathalies Mutter war es nicht üblich, sich in die pädagogische Arbeit »einzumischen« und den Gruppenraum zu betreten. Die Eltern hatten dazu nur nach direkter Einladung und Ansprache Gelegenheit.

Im Dialog mit der Mutter könnten die Erzieherinnen diese unterschiedlichen Auffassungen klären, die vorhandenen Differenzen überbrücken und die Mutter einladen, den Gruppenraum zu betreten.

Eingewöhnung

Aus der Praxis

Im Vorbereitungsgespräch reagiert die Mutter der knapp einjährigen Lara überrascht, als die Krippenleiterin ihr mitteilt, dass sie sich zwei bis drei Wochen Zeit nehmen soll, um ihre Tochter bei der Eingewöhnung zu begleiten und zu unterstützen. Laras Mutter kann nicht verstehen, wieso ihre Anwesenheit notwendig ist. Der unklar begrenzte Zeitraum erscheint ihr viel zu lang. Schließlich ist es, ihrer Meinung nach, Aufgabe der pädagogischen Fachkräfte, sich um Lara zu kümmern. Außerdem hatte Lara noch nie Schwierigkeiten, wenn sie bei ihrer Oma, der Großtante oder der Nachbarin war.

Außerfamiliäre Betreuung erfordert von allen Beteiligten unterschiedliche Anpassungs-Leistungen. Im Verlauf des Eingewöhnungsprozesses übernimmt die pädagogische Fachkraft für einen zunehmend längeren Teil des Tages die Fürsorge, Pflege, Erziehung und Bildung eines Kindes. Die Eltern ihrerseits übergeben diese Aufgaben der pädagogischen Fachkraft für zunehmend längere Zeit. Der Säugling oder das Kleinkind seinerseits erfährt einen Wechsel in der Betreuung, der zunehmend länger anhält.

Ob die Eingewöhnung nach dem verbreiteten Berliner Modell, dem Münchner Modell oder in abgewandelter Form gestaltet wird – über den Start der Betreuung eines Kindes können bei Eltern und pädagogischen Fachkräften unterschiedliche Auffassungen herrschen. Dass eine Eingewöhnung stattfindet, bei der die Mutter, der Vater oder eine andere Bezugsperson das Kind in die Krippe begleitet und die Dauer der Betreuung allmählich gesteigert wird, ist für Familien aus anderen kulturellen Kontexten nicht selbstverständlich. Das kann daran liegen, dass im Herkunftskontext der Eltern außerfamiliäre Kindertagesbetreuung gänzlich ohne Eingewöhnung beginnt, oder dass die Eltern ihr Kind ohnehin bereits oft von Personen des erweiterten Familienkreises betreuen lassen. Familie wird in diesem Fall als ein größeres Netzwerk verstanden, und das Kind ist den Wechsel von Betreuungspersonen gewöhnt.

Die Dauer des Eingewöhnungsprozesses lässt sich nicht für alle Kinder gleich festlegen, sondern wird individuell – je nach (Vor-)Erfahrungen des Kindes – gestaltet. Festlegungen einer Unter- und Obergrenze bilden den Rahmen, in dem – je nach Familie und Kind – variiert wird. Ein Minimum von drei Tagen sollte nicht unterschritten werden, damit die pädagogische Fachkraft das Kind und seine Familie kennen lernen kann. Das Maximum von mehr als drei Wochen wird nur in Ausnahmefällen notwendig sein.

Unterstützungsobjekte wie Kuscheltiere, die das Kind von zu Hause gewohnt ist, können ihm helfen, in der Krippe heimisch zu werden. Vor dem Hintergrund kulturell verschiedener Erziehungspraktiken sind Kuscheltiere allerdings nicht unbedingt für jedes Kind die passenden Eingewöhnungsbegleiter.

Der Ablauf der Eingewöhnung sollte bereits im Aufnahmegespräch erläutert und die Beteiligung der Eltern über den gesamten Zeitraum der Eingewöhnung als Bestandteil des Konzepts begründet werden. Das Aufnahmegespräch und die Gespräche während der Eingewöhnung bieten Gelegenheit, die Familie kennen zu lernen, sich über Einstellungen und Erwartungen zu verständigen.

Im Aufnahmegespräch und während der Eingewöhnungszeit kann es hilfreich sein, den Gesprächsleitfaden[4] zu nutzen. Hospitations- oder Besuchstage im Vorfeld können die Eingewöhnung des Kindes in die institutionelle Betreuung erleichtern und bieten den Eltern die Möglichkeit, sich mit der Einrichtung vertraut zu machen. Die Kenntnis der täglichen Abläufe und Routinen erleichtert es Familien aus anderen kulturellen Kontexten, die Arbeit der pädagogischen Fachkräfte und die Funktionsweise der Einrichtung zu verstehen.

Mitunter bestehen auf Seiten der Eltern andere Vorstellungen davon, was bei der Betreuung ihres Kindes

4 Siehe S. 43 ff.

Aus der Sicht der Betreuungseinrichtung dient die Eingewöhnungszeit dazu, der pädagogischen Fachkraft Gelegenheit zu geben, das Kind mit seinem familiären Hintergrund kennen zu lernen. Die Eltern sind ihre wichtigste Informationsquelle über das neue Kind. Für die Eltern wiederum ist es wichtig, dass sie die pädagogischen Fachkraft nicht als Konkurrentin erleben, sondern spüren: Familie und Krippe kümmern

im Vordergrund stehen soll. Das, was die pädagogische Fachkraft als ihre Aufgaben ansieht, muss nicht automatisch mit dem übereinstimmen, was Eltern ihr zuschreiben.

sich nun um das Wohl des Kindes, ergänzen einander und stimmen sich ab.

Grundsätzlich bietet die Eingewöhnungszeit die Möglichkeit des Austauschs mit allen neuen Familien. Sie ist eine Phase, in der Startschwierigkeiten und -probleme durch den respektvollen Kontakt mit den Familienangehörigen vermieden und gelöst werden können.

erklärt, dass die Anwesenheit einer familiären Bezugsperson nicht nur dem Kind hilft, sondern auch das pädagogische Fachpersonal unterstützt, fühlt sich Laras Mutter informiert und kann das Vorgehen sicherlich eher nachvollziehen und akzeptieren.

Zurück zur Praxis

Im Herkunftsland von Laras Mutter ist es nicht üblich, dass Eltern ihre Kinder zu Beginn der außerfamiliären Betreuung begleiten. Die Kinder werden in der Krippe abgegeben, und dann kümmern sich die Krippenfachkräfte um sie, auch wenn die Trennung von den Eltern mit Tränen verbunden ist. Da Lara gelegentlich von anderen Familienmitgliedern und Freunden betreut wurde, kann es sein, dass ihr die Trennung von der Mutter nicht allzu schwer fällt. Wenn die Erzieherin erläutert, welchem Zweck die Eingewöhnung dient, und

Sprache

Aus der Praxis

Kerem ist zwei Jahre und vier Monate alt. Erst seit kurzem geht er in die Krippe. Zu Hause wächst er mit der Herkunftssprache seiner Eltern auf. Wenn die Erzieherinnen mit ihm sprechen, versteht er mittlerweile viel. Einige deutsche Wörter kann er schon. Beim Essen ruft er immer wieder: »Anne, Anne!« Darüber wundert sich die Erzieherin, denn in der Einrichtung und bei Kerem zu Hause heißt niemand so.

Mit der zunehmenden kulturellen Vielfalt kommen unterschiedliche Herkunftssprachen in die Krippe. Die Sprachbedingungen, unter denen Kinder aufwachsen, gleichen einander nicht: In manchen Familien wird nur die Herkunftssprache gesprochen, die Eltern sprechen zwei Sprachen mit dem Kind, oder die Herkunftssprache(n) und Deutsch werden gesprochen.

Inzwischen ist umfangreich belegt, dass junge Kinder problemlos und parallel mehr als eine Sprache erwerben können. Für die meisten Kinder dieser Welt ist dies übrigens der Normalfall. Sie erlernen dabei unterschiedliche Systeme, die in der Regel Personen, Umgebungen oder Sachverhalten zugeordnet und entsprechend aktiviert werden.

Die Kompetenzen in den Sprachen können gleichmäßig verteilt sein. Meist sind sie in der einen Sprache jedoch stärker und in der anderen schwächer ausgebildet. Dies hängt von der Qualität und Quantität des Inputs in der jeweiligen Sprache ab und kann sich zeitweise entsprechend den Bedingungen verändern, unter denen das Kind lebt.[5] Bei jungen Kindern spielen auch emotionale Nähe und das Gefühl der Zugehörigkeit eine große Rolle.

Ein früher Kontakt mit der Umgebungssprache Deutsch als Ergänzung der Kommunikation in der Familie ist sinnvoll für die Entwicklung sprachlicher Kompetenzen der Kinder. Er erleichtert den Einstieg in den Kindergarten, beeinflusst Teilhabemöglichkeiten und den Bildungsweg der Kinder positiv.

Unter welchen Bedingungen können Krippenkinder aus einer familiären Umgebung, in der nicht überwiegend Deutsch gesprochen wird, von den Angeboten der Krippe profitieren? Welche Bedingungen sind günstig für ihren Spracherwerbsprozess?

Wichtig ist, dass die ersten Bezugspersonen (Mutter und Vater) in ihrer Muttersprache mit dem Kind sprechen, da dies die Sprache ist, die sie am besten beherrschen, in der sie Gefühle und die Vielfalt an Bedeutungen authentisch ausdrücken. Das müssen die pädagogischen Fachkräfte wissen und die Sprache, die das Kind von zu Hause mitbringt, als Teil seiner Kultur akzeptieren – unabhängig vom sozialen Prestige dieser Sprache.

In der Krippe wird Deutsch gesprochen, dies ist die Umgebungssprache. Doch besonders in der Eingewöhnungszeit oder in schwierigen Situationen können Muttersprachlerinnen unter den pädagogischen Fachkräfte sprachliche Brücken bauen. Außerdem zeugt es von Respekt und Zuwendung, wenn die Fachkräfte sich einige Wörter oder Redewendungen in der Muttersprache des Kindes aneignen. Die klare Zuordnung von Person/Umgebung und Sprache erleichtert es dem Kind jedoch, sich in das neue Sprachsystem einzuhören und sich zu orientieren.

Für den Einstieg in die Krippe braucht jedes Kind eine tragfähige Beziehung zu mindestens einer pädagogischen Fachkraft, die in der Eingewöhnungszeit aufgebaut wird. Kinder, die in ihren Familien bisher eine andere Sprache als Deutsch hörten, gewöhnen sich an die für sie fremde Sprachwelt in der Krippe am besten, wenn sie in den unmittelbaren »verbalen, gestischen und mimischen Austausch..., mit akzentuiertem Klang, deutlichem Mundbild«[6] einbezogen

5 Reich, H. H.: Frühe Mehrsprachigkeit aus linguistischer Perspektive. Expertise für das Deutsche Jugendinstitut (DJI), 2010.
   http://www.dji.de/bibs/672_Reich_Expertise_Mehrsprachigkeit.pdf (30. 5. 2012)
6 List, G.: Sprachliche und mentale Entwicklungsprozesse in den ersten Lebensjahren in ihrer Bedeutung für Kinder mit nichtdeutscher Erstsprache. Expertise für das Deutsche Jugendinstitut (DJI), 2010.
   http://www.dji.de/bibs/672_Expertise_List_Nichtdeutsche%20Erstsprache.pdf (30. 5. 2012)

werden. Sie lernen keine Vokabeln, sondern sie erlernen die neue Sprache beiläufig, eingebettet in Beziehungen und Handlungszusammenhänge, die interessant und emotional bedeutsam sind.

Kommen Kinder in eine neue Sprachumgebung, benötigen sie zunächst ausreichend Zeit, sich in den Klang und die Melodie der neuen Sprache einzuhören und die Bedeutungen von Sätzen im Zusammenhang mit Abläufen, Handlungen, Räumen und Situationen zu entschlüsseln. Genau dies hatten sie intuitiv schon beim Erwerb ihrer ersten Sprache getan. Sprachkompetenz zeigt sich deshalb nicht nur in gesprochener Sprache, sondern zunächst vor allem in der verstandenen Sprache.

Die aktive Sprachproduktion setzt erst sehr viel später und mit großen individuellen Unterschieden ein. Deshalb wird die einseitige Überprüfung der Sprachkompetenz am Wortschatz vor allem zweisprachigen Kindern nicht gerecht.

In der Krippe wird das Sprechen der Kinder hauptsächlich dadurch unterstützt, dass in einer sprechfreundlichen und -ermunternden Atmosphäre viel mit ihnen gesprochen wird. Die Kinder brauchen Zeit und Raum, um sich auszudrücken. Ihre Äußerungen müssen achtsam begleitet und weitergeführt werden.

Merkpunkte

- Kinder erwerben ihre Sprache(n) im Dialog und mit allen Sinnen: in Situationen gemeinsam geteilter Aufmerksamkeit, in der Bewegung und im Alltag.
- Mehrsprachigkeit von Kindern ist, weltweit betrachtet, eher der Normalfall als die Ausnahme und stellt, für sich genommen, keine Schwierigkeit im Sprach(en)erwerbsprozess dar.
- Mit verschiedenen Sprachen baut ein Kind nicht nur unterschiedliche Sprachsysteme und Wortschätze auf, denn Sprachen sind auch mit kulturspezifischen Gesprächskonventionen und Emotionen verknüpft. Sie spiegeln Wertesysteme und Normen.

Zurück zur Praxis

Was die Erzieherin für den Namen Anne hält, ist das türkische Wort für Mama. Wahrscheinlich ist die Essenssituation für Kerem so eng mit der Anwesenheit und Nähe seiner Mutter verknüpft, dass er dies mit dem Ausruf »Mama, Mama!« unterstreicht.

Reflexionsfragen

- Über welche (fremd)sprachlichen Ressourcen verfügen wir in der Einrichtung/im Team? Wie nutzen wir sie bislang?
- Berücksichtigen wir nicht-deutsche Erstsprachen im Rahmen der täglichen pädagogischen Arbeit? Kennen wir fremdsprachliche Wörter und Floskeln für bestimmte Alltagshandlungen und -routinen, zum Beispiel Grußformeln oder Zahlwörter?
- Werden fremdsprachige Lieder gesungen oder vorgespielt? Kennen wir aus den Erstsprachen unserer Kinder Wörter, die kleine Kinder benutzen, zum Beispiel die Wörter für Mama, Papa, Oma, Opa, Pipi, Wauwau...?
- Wie unterstützen und beraten wir Eltern mit nichtdeutscher Herkunftssprache im Hinblick auf den Erst- und Zweitspracherwerb ihrer Kinder?
- Welche Möglichkeiten nutzen wir, um Eltern den Krippen-Alltag, die Abläufe und unsere Anliegen verständlich zu machen (Bilder, Videos oder andere Formen der Visualisierung)?

Schlafen

Aus der Praxis

Als die Erzieherin den fast zweijährigen Ulasch umzieht, merkt sie, dass er unter seiner Kleidung noch den Schlafanzug trägt. Sie wundert sich und hat den Eindruck, die Eltern schaffen es nicht, ihren Familienalltag so zu strukturieren, dass genug Zeit bleibt, um den Jungen richtig anzuziehen.

Schlafzeiten sind Phasen der Ruhe, in denen Entspannungs-, Verarbeitungs- und Regenerationsprozesse ablaufen. Deshalb sind sie auch im Krippenalltag wichtig.

Bezüglich des individuellen Schlafverhaltens und der speziellen Vorlieben bestehen – wie in anderen Entwicklungsbereichen – große Unterschiede zwischen den Kindern. Darüber hinaus lassen sich auch kulturelle Unterschiede beschreiben, die sich beispielweise auf Schlaforte oder Einschlafrituale und -Objekte beziehen.

Fragt man, ab wann Kinder in einem eigenen Bett oder Zimmer schlafen können oder sollten, bekommt man unterschiedliche Antworten – je nach dem, wo und wen man fragt. Für viele Familien aus der westlichen Mittelschicht hat das Schlafen im eigenen Bett eine wichtige Funktion im Hinblick auf die Selbstständigkeitsentwicklung der Kinder und wird früh angestrebt. Nicht zuletzt ermöglicht dies den Eltern, Freiräume für sich zu schaffen. Demzufolge liest man hier in vielen Elternratgebern, dass das Schlafen im eigenen Bett und im eigenen Zimmer für Kinder schon im ersten, zumindest aber im zweiten Lebensjahr förderlich sei.

In kulturellen Kontexten, in denen Verbundenheit eine größere Rolle spielt, schlafen die Kinder häufiger und deutlich über das zweite Lebensjahr hinaus regelmäßig mit den Eltern oder anderen Familienmitgliedern in einem Bett. Dies stärkt die familiäre Nähe und das Verbundenheitsgefühl.

Um gut einzuschlafen, brauchen alle Kinder ein Gefühl der Sicherheit, das es ihnen ermöglicht, sich in den Schlaf fallen zu lassen. Kulturbedingte Unterschiede können bezüglich der Wege bestehen, die es Kindern erleichtern, diese Sicherheit zu erlangen.

In diesem Zusammenhang kommen der Bedeutung von Objekten[7] und Einschlafritualen[8] unterschiedliche Rollen zu. Objekte und Rituale können den Körperkontakt und die Nähe zu anderen Personen ersetzen und erleichtern es den Kindern dadurch, das selbstständige Schlafen zu erlernen. In Familien, die die Selbstständigkeit beim Ein- und Durchschlafen schon früh fördern, wird die Schlafumgebung der Kinder häufig individuell und gemäß der kindlichen Wünsche oder Vorlieben gestaltet. Familien, in denen die Verbundenheit eine größere Rolle spielt, nutzen Einschlafobjekte oder -rituale selten. Sie sind nicht in dem Maße notwendig, da hier eine größere Nähe zu anderen Personen besteht. Ihre Kinder haben in der Regel keine Wahlfreiheit bezüglich der Gestaltung ihrer Schlaforte.

Mit Unterschieden hinsichtlich der Ideen zur Schlafgestaltung muss man bei Familien, deren Kinder eine Krippe besuchen, rechnen. Daher empfiehlt es sich, gleich zu Beginn mit den Eltern zu besprechen, welche Schlafgewohnheiten sie mit ihrem Kind zu Hause pflegen, was ihnen für das Schlafen in der Einrichtung wichtig ist und warum sie dies für bedeutsam halten. In diesem Austausch lässt sich in der Regel ein Schlafarrangement finden, das die Bedürfnisse und Überzeugungen der Eltern, die Erfahrungen des Kindes und die dem pädagogischen Konzept der Einrichtung entsprechenden Möglichkeiten berücksichtigt. Beispielsweise kann beachtet werden, dass allzu viele Mitbestimmungs- und Auswahlmöglichkeiten bei der Schlafplatzwahl und -gestaltung ein Kind, das in einem stark verbundenheitsorientierten Umfeld aufwächst, eventuell überfordern. Vielleicht kommt es besser zur Ruhe, wenn die pädagogische Fachkraft den Schlafplatz zwar vorgibt, sich dem Kind aber intensiv zuwendet und es beim Einschlafen begleitet. Für ein Kind hingegen, das in einem Autonomie unterstützenden Umfeld auf-

---

7 Zum Beispiel Kuscheltiere oder Schnuller
8 Immer gleich ablaufende Phasen vor dem und beim Zubettgehen, beispielsweise Baden, Vorsingen oder -lesen

Merkpunkte

- Unterschiedliche kulturelle Vorstellungen können darüber bestehen, ab wann Kinder in der Lage sind, allein zu schlafen, und ab wann dies unterstützt werden sollte.
- Auch die Verbreitung von Objekten und Ritualen als Einschlafhilfen unterliegt kulturellen Unterschieden.
- Kinder kommen daher mit möglicherweise sehr verschiedenen häuslichen Schlaferfahrungen in die Krippe.
- Auch die Erwartungen und Vorstellungen der Eltern können sehr unterschiedlich sein.
- Ein Austausch mit den Eltern über deren Wünsche und Ideen zur Schlafgestaltung ermöglicht Verständnis und ist die Voraussetzung, im Krippenalltag flexibel darauf eingehen zu können.

Reflexionsfragen

- Was wissen wir über die Wünsche der Eltern zur Schlafgestaltung und über die häuslichen Schlafgewohnheiten des Kindes?
- Welche Möglichkeiten haben wir in unserer Einrichtung, auf unterschiedliche, kulturell bedingte Schlafbedürfnisse der Kinder einzugehen, zum Beispiel
- ein mehr oder weniger festgelegter Rhythmus,
- mehr oder weniger Körperkontakt als Einschlafhilfe,
- mehr oder weniger autonome Mitsprache des Kindes bei der Schlafplatzgestaltung?

wächst, ist das individuelle Gestalten des Schlafplatzes oftmals stimmig und hilft ihm, sich dort wohl zu fühlen. Der Einsatz von Ritualen und vertrauten Übergangsobjekten kann für ein solches Kind angenehm und hilfreich sein.

Unterschiede können auch bestehen, wenn Kinder in einem familiären Kontext aufgewachsen sind, in dem Schlafzeiten stark strukturiert werden – zum Beispiel Tageschläfchen zu festgelegten Zeiten – oder in dem es überhaupt keine vorgegebenen Rhythmen gibt. Das heißt: In der Krippe treffen Kinder mit ganz verschiedenen Gewohnheiten zusammen. Dies kann zu Herausforderungen bei der Tagesgestaltung führen, denn es müssen Wege gefunden werden, die den unterschiedlichen Bedürfnissen der Kinder gerecht werden, aber auch den Möglichkeiten der Einrichtung entsprechen.

In vielen Krippen wird die Gestaltung der Schlafzeiten und -situationen bereits auf die Bedürfnisse der Kinder abgestimmt. Kommt Wissen über unterschiedliche kulturelle Umgangsformen hinzu, kann ein Umfeld geschaffen werden, in dem alle Kinder die Ruhephasen gut für sich nutzen können.

Zurück zur Praxis

Die Mutter von Ulasch hatte den Schlafanzug unter der Kleidung gelassen, um ihrem Kind die Bettwärme mit in den Tag zu geben. Das ist in ihrer Heimat eine Geste mütterlicher Liebe.

Mahlzeiten/Essen

Aus der Praxis

Beim Mittagessen achtet die Erzieherin auf Tischregeln. Sie fordert den fast dreijährigen Melis auf, beide Hände auf den Tisch zu nehmen, da er permanent eine Hand unter dem Tisch hat und nur mit der anderen Hand isst.

Essen ist mehr als Nahrungsaufnahme. Es trägt maßgeblich zum biologischen, seelischen und sozialen Wohlbefinden bei.

Hunger und Durst sind Gefühle, die jeder Mensch spürt – gleich, welcher Kultur er angehört. Sie verweisen auf die Notwendigkeit, eines der existenziell wichtigsten Bedürfnisse zu befriedigen: die Nahrungsaufnahme. Die Art und Weise jedoch, wie Menschen essen, was sie essen und welche Bedeutung Essen überhaupt hat, unterliegt unterschiedlichen kulturellen Einflüssen, die sich in den Wertvorstellungen jeder einzelnen Familie und auch in der Erziehung widerspiegeln.

Kinder in den ersten Lebensjahren müssen zunächst noch lernen, selbstständig zu essen. Auch ihre physiologische Entwicklung spielt beim Essen eine Rolle. Der Säugling wird anfangs nur mit Milch ernährt, er wird gestillt oder bekommt sein Fläschchen. Etwa mit vier Monaten ist er in der Lage, Breimahlzeiten zu erhalten. Feste Nahrung und Erwachsenkost können die meisten Kinder mit Beginn des zweiten Lebensjahrs zu sich nehmen.

Das Essen in der Krippe dient nicht nur der Nahrungsaufnahme. Es sollte Spaß machen und eine angenehme, kommunikative Situation schaffen. Daher wird der Gestaltung von Mahlzeiten viel Aufmerksamkeit geschenkt.

Die Erfahrungen, die jeder Mensch mit Essen gemacht hat, wirken sich auf die Gestaltung und die Entscheidungen in der Essenssituation aus. Deshalb sollte man sich im Team über die Einstellungen zum Essen austauschen und die Ergebnisse reflektieren.

Da die Essgewohnheiten der Kinder unterschiedlich sind und ihrer kulturellen Hintergründe wegen von den Regeln oder Gewohnheiten in der Krippe abweichen können, ist es notwendig, sich Gedanken zu machen, wie man damit umgeht. Lässt man gerade in der ersten Zeit individuelle Gewohnheiten zu, um Kinder sanft in gemeinsame Mahlzeiten mit ihren Regel und Gebräuchen einzuführen? Das setzt voraus, die Eltern über ihre Gewohnheiten zu befragen und sie über die Gepflogenheiten in der Krippe zu informieren. Es ist nämlich nicht in allen Kulturen üblich, dass beim Essen alle am Tisch sitzen und erst aufstehen, wenn alle fertig sind. Ebenso variieren Dauer und Häufigkeit von Mahlzeiten. In manchen Kulturen werden Kinder wesentlich länger gestillt oder von den Eltern gefüttert als hierzulande. Vor den Mahlzeiten werden sie nicht gefragt, was sie gern essen möchten, und können deshalb mit einer solchen Frage nichts anfangen.

Also ist es hilfreich, möglichst viel über die Esssituationen der Kinder in ihren Elternhäusern zu erfahren. Sollten die Kultur der Nahrungsaufnahme und das Angebot an Speisen stark von der Esssituation und den Gerichten in der Krippe abweichen, muss man im Team überlegen, ob sich Übergangssituationen schaffen lassen. Außerdem sollten die Eltern von Krippenkindern erfahren, was in der Krippe gegessen wird und wie die Mahlzeiten gestaltet werden. Folgende Fragen an die Eltern könnten den Start in der Krippe erleichtern:

- Welche Speisen und Getränke erhält das Kind zu Hause? Was ist es gewohnt?
- Welche Vorlieben, Abneigungen und Gewohnheiten (Flasche, Tasse, Löffel…) hat das Kind?
- Wann, wie und wie oft finden Mahlzeiten mit dem Kind zu Hause statt?
- Isst und trinkt das Kind bevorzugt allein oder mit Hilfe?
- Wie zeigt das Kind, dass es Hunger oder Durst hat?

In vielen Krippen ist die Esssituation an die Bedürfnisse der Kinder angepasst und verläuft ohne Druck oder Zwang. Beispielsweise muss nicht alles probiert werden, die Kinder müssen nicht aufessen und dürfen den Essplatz verlassen, wenn sie satt sind. Eine solche Grundeinstellung Esssituationen gegenüber ist ge-

Merkpunkte

- Eltern mit unterschiedlichen kulturellen Hintergründen können verschiedene Vorstellungen davon haben, wie und was ihre Kinder essen sollen.
- Auch die Vorstellung davon, was gesundes Essen ist, ist stark durch kulturelle Einflüsse geprägt.

eignet, um eine Atmosphäre zu schaffen, in der unterschiedliche kulturelle Ess- und Füttertraditionen gelebt werden können.

Reflexionsfragen

- Wie weit oder eng gefächert wird die Mahlzeit in der Krippe gestaltet?
- Wie viel wissen wir über die familiären Esssituationen der Kinder?
- Gibt es Übergangssituationen, die flexibel gestaltet werden?
- Wie viele Wahlmöglichkeiten haben die Kinder und Eltern?
- Habe ich meine eigene Ess-Sozialisation reflektiert?
- Was wissen wir/weiß ich über kulturelle Unterschiede bezüglich des Essens?

Zurück zur Praxis

Melis hat zu Hause gelernt, dass die linke Hand beim Essen nicht auf den Tisch gehört, weil in den traditionellen Gemeinschaften der Herkunftsregion seiner Eltern mit dieser Hand die Reinigung der Ausscheidungsorgane vorgenommen wird.

Spielen

Aus der Praxis

Am Nachmittag ist Zeit für freies Spielen. Die Erzieherin ermutigt die Kinder, sich mit dem Spielzeug zu beschäftigen oder das zu machen, was sie gern möchten. Alles, was der Gruppenraum bietet, kann genutzt werden. Während sich Ole, zweieinhalb Jahre alt, sofort in die Bauecke begibt, weiß Mesut, der einen Monat älter als Ole ist, nicht so recht, was er mit dem Vorschlag der Erzieherin anfangen soll. Unentschlossen streift er durch den Raum und beginnt nach einiger Zeit, die Schränke auszuräumen. Er wirft die Spielsachen umher, was zu Unruhe in der Gruppe und zu einer Konfliktsituation mit der Erzieherin führt.

In den meisten Formen der außerfamiliären Betreuung nimmt das Freispiel – im Gegensatz zum angeleiteten Spiel – viel Raum ein. Entwicklungspsychologen und Pädagogen schreiben dieser Spielform eine besondere Rolle für die frühkindliche Entwicklung zu, denn im Freispiel exploriert das Kind aktiv seine Umwelt. Dadurch stärkt es sein Selbstbewusstsein und das Gefühl, selbst wirksam werden zu können. Beispielsweise lernt das Kind im Freispiel, sich für Aktivitäten zu entscheiden, sie zu planen und umzusetzen. Es entscheidet selbst über Spielmaterial, Spielpartner, Tätigkeit, Dauer und Ort. Idealerweise legt das freie Objektspiel den Grundstein für wissenschaftliches Denken, indem es direkte Ursache-Wirkungsprinzipien und physikalische Grundprinzipien erlebbar macht.

Im Freispiel zeigen die Kinder zirka ab der Mitte des zweiten Lebensjahrs erste Formen des Als-ob-Spiels[9], in dem sie Dingen eine andere Bedeutung verleihen oder Personen eine bestimmte Rolle zuweisen. Sie setzen Fantasie und Kreativität ein, auch wenn sie selbst verschiedene Rollen ausprobieren, und lernen, sich in die Situation anderer Menschen zu versetzen. Dies ist ein wichtiger Schritt auf dem Weg zum Erwerb sozialer Kompetenz.

Die pädagogischen Fachkräfte unterstützen die Kinder in ihren eigenständigen Entscheidungsprozessen und bemühen sich, Selbstbildungsprozesse anzuregen. Sie bereiten ein Umfeld vor, das Entscheidungs- und Entdeckungsräume bietet, das die Kinder zum Experimentieren anregt. Ansonsten halten sie sich eher im Hintergrund und beobachten, was die Kinder tun.

Im Gegensatz zu dieser autonomieorientierten Vorgehensweise hält der verbundenheitsorientierte Blick auf das kindliche Spiel möglicherweise eine Menge Überraschungen für die pädagogischen Fachkräfte bereit: In manchen verbundenheitsorientierten Kulturen beachten Eltern das Symbolspiel, insbesondere das Spiel mit imaginären Charakteren, kaum oder unterbinden es sogar. Die weit verbreitete Überzeugung, dass das Symbolspiel besondere Lernmöglichkeiten bietet, wird nicht geteilt. Demzufolge schaffen Eltern aus verbundenheitsorientierten Kulturen zu Hause selten entsprechende Spiel- und Lernmöglichkeiten für ihre Kinder. Weithin gilt das kindliche Spiel als unnütz und als ein Zeichen von Unreife.

Warum das so ist, wird klarer, wenn man sich die Entwicklungsziele von Eltern aus diesen Kulturen vor Augen führt. Nicht Kreativität und Selbstverwirklichung stehen im Mittelpunkt der Erziehungsbemühungen, sondern das Heranführen an die Welt der Erwachsenen. Das Kind soll sich seines Platzes in der Gemeinschaft, der daran geknüpften Erwartungen und Verpflichtungen bewusst werden. Dabei spielen Respekt und Gehorsam gegenüber sozial höher Gestellten eine zentrale Rolle.

Vor diesem Hintergrund nehmen die Erwachsenen eine andere Rolle ein: Statt das Kind bei der Entdeckung und Eroberung der Welt im Spiel zu begleiten, sehen sie sich eher verpflichtet, es an seine Rolle in der »wirklichen« Welt heranzuführen. Sie geben ihm Gelegenheit, beobachtend an der Welt der Erwachsenen teilzuhaben, die Sinn- und Arbeitszusammenhänge, die diese Welt bestimmen, kennen zu lernen, damit das Kind begreift, worauf es im Leben ankommt. Im Gegensatz zur Kind-Zentriertheit aktueller Konzepte der Krippenpädagogik geht diese Sicht von einer starken

---

Erwachsenen-Zentriertheit aus. Der Erwachsene gibt vor, was gemacht wird, er lehrt, lenkt und kontrolliert. Demzufolge erwarten die Eltern angeleitete Spielformen und die frühe Vermittlung von Bildungsinhalten.

Diese Beschreibung zeigt, dass vieles, was in unseren außerhäuslichen Betreuungssystemen selbstverständlich ist, nicht zu den Erwartungen von Eltern passt, die einem verbundenheitsorientierten kulturellen Hintergrund entstammen. Das kann bedeuten, dass die Kinder aus diesen Familien sich von freien Spielangeboten überfordert fühlen und Schwierigkeiten haben, mit solchen Angeboten umzugehen, da sie andere Umgangsformen gewohnt sind.

Die pädagogischen Fachkräfte müssen also überdenken, welche Spielformen sie Kindern anbieten und

Merkpunkte

- Eltern mit unterschiedlichen kulturellen Hintergründen können unterschiedliche Vorstellungen davon haben, wie kindliches Spiel aussehen kann und sollte.
- Dementsprechend gibt es auch verschiedene Vorstellungen über die Rolle der pädagogischen Fachkräfte im kindlichen Spiel.

wie sie unterschiedlichen Gewohnheiten und Erwartungen – auch von Seiten der Eltern – gerecht werden können.

Mesut ist die Einladung zum offenen Spiel nicht gewohnt, weil er aus einer Familie kommt, in der ältere Kinder die (Spiel-)Initiative ergreifen. Daher erwartet er wahrscheinlich klare Ideen und Anleitungen. Die Verwirrung und Unsicherheit, die das offene Spielangebot in ihm hervorruft, entlädt sich in destruktivem Verhalten. Ein auf ihn zugeschnittener flexibler Wechsel zwischen angebotspädagogischen und frei gestaltbaren Spieleinheiten könnte Mesut helfen, Anknüpfungspunkte in der Spielphase zu finden.

Reflexionsfragen

- Welche Spielformen dominieren in unserer Einrichtung im Tagesablauf/im Wochenplan?
- Welches Bildungsverständnis vertreten wir in unserer Einrichtung?
- Wie beurteilen wir den hohen Freiheitsgrad, den ausgedehnte Freispielphasen mit sich bringen?
- Welche Anforderungen werden im Freispiel an die Kinder gestellt? Welche Fähigkeiten werden gefördert?
- Wie können wir vorhandene Spielangebote und unser Verhalten verändern, um Spielsituationen anders zu strukturieren?
- Welche Rolle spielen die Vorstellungen von Eltern über das Spiel ihrer Kinder bei der Gestaltung von Spielanregungen, die Lernerfahrungen ermöglichen sollen?

Pflege und Sauberkeitserziehung

Aus der Praxis

Zwischen Eltern, die aus der ehemaligen DDR stammten, und den Erzieherinnen gab es unterschiedliche Auffassungen über die Handhabung der Sauberkeit. Die Eltern wollten, dass ihre Kinder regelmäßig zu festgelegten Zeiten aufs Töpfchen gesetzt werden und dass diese Maßnahme von den Erzieherinnen überwacht wird. Diesen Vorschlag lehnte das Team entschieden ab, da er mit seinem pädagogischen Verständnis kollidierte. Die Auseinandersetzung über dieses Thema ging so weit, dass einige Eltern ihre Kinder abmelden wollten.

Mit der Körperpflege sind die Gesunderhaltung, die Entwicklung eines Körperbewusstseins und das Empfinden eines Wohlgefühls verbunden. Im Krippenalltag nimmt die Körperpflege viel Raum ein. Dazu gehören neben dem Händewaschen, Zähneputzen und Füttern auch das Wickeln und die Unterstützung beim Toilettengang.

Pflegesituationen, die in der Krippe respektvoll und achtsam gestaltet werden, ermöglichen den Kindern positive Körpererfahrungen und tragen zum Wohlbefinden bei. Sie sind Kommunikations- und Interaktionssituationen. Außerdem bieten sie dem Kind ein Lern- und Übungsfeld, das sein Bedürfnis nach Autonomie und Eigenaktivität berücksichtigt und das Selbstständig-Werden unterstützt.

Im Rahmen kultursensitiver Zusammenarbeit mit Eltern ist der Austausch über die Körperpflege und das Alter geboten, in dem Kinder etwas beherrschen oder lernen sollten. Denn die Vorstellungen vom »richtigen« Umgang mit Körperpflege und Sauberkeitserziehung können in verschiedenen Kulturen unterschiedlich sein. Deshalb ist es vorteilhaft zu wissen, ob in der elterlichen Herkunftskultur eher autonomie- oder verbundenheitsorientierte Aspekte im Vordergrund stehen. Abhängig davon können sich Definitionen und Ziele auch in der Sauberkeitserziehung nämlich unterscheiden.

Steht die Autonomie im Vordergrund, bedeutet »sauber sein«, dass ein Kind nach und nach lernt, seine Körperausscheidungen selbstständig und bewusst zu kontrollieren. Steht Verbundenheit im Vordergrund, ist »sauber sein« das Ergebnis eines sanften Trainings, in dem die Ausscheidungsprozesse des Kindes nach und nach an bestimmte Zeiten, Orte und Signale gebunden werden. Das Kind wird oft schon recht früh an Toilettengänge gewöhnt. Dabei wird der Fokus weniger auf die individuelle Bereitschaft des Kindes gelegt, sondern gemeinschafts- und gruppenbezogene Trainings werden mit allen Kindern durchgeführt.

Es gibt also nicht nur einen »richtigen« Weg zur Windelfreiheit. Wünschenswert wäre, elterliche Überzeugungen und Gewohnheiten ernst zu nehmen und in der Krippe einen Umgang mit dem Thema »Sauberkeit« zu finden, der mit der Einrichtungskonzeption vereinbar ist. Erwarten Eltern ein frühes Toilettentraining, kann es zu Irritationen kommen. Damit sie das Verhalten und die Vorgehensweise der pädagogischen Fachkräfte verstehen, sollten sie rechtzeitig informiert werden, in welcher Form Pflegesituationen in der Krippe gestaltet werden. Dabei kann es um folgende Fragen gehen:

- Warum werden Pflegesituationen spielerisch gestaltet?
- Welche Körpererfahrungen werden vermittelt?
- Welche sensomotorischen Erfahrungen und Körpererkundungen – zum Beispiel: Wo ist dein Bauch? Wo ist dein Fuß? Wo ist die Nase? – werden ermöglicht?
- Warum werden Kinder gleichzeitig gewickelt?
- Warum werden Kinder im Liegen oder Stehen gewickelt?
- Warum wird die Pflegesituation sprachlich begleitet?

Die pädagogischen Fachkräfte benötigen Empathie, kommunikative Kompetenz, kulturelles Wissen und pädagogisches Geschick, um die Anliegen der Eltern und eventuelle Verunsicherungen zu erkennen und mit ihnen umgehen zu können. Dabei ist es sehr wichtig, die Familien ernst zu nehmen und auszuloten, was von den elterlichen Wünschen im pädagogischen Alltag umgesetzt werden kann. Dies hilft, Konflikte zu vermeiden oder konstruktiv zu lösen.

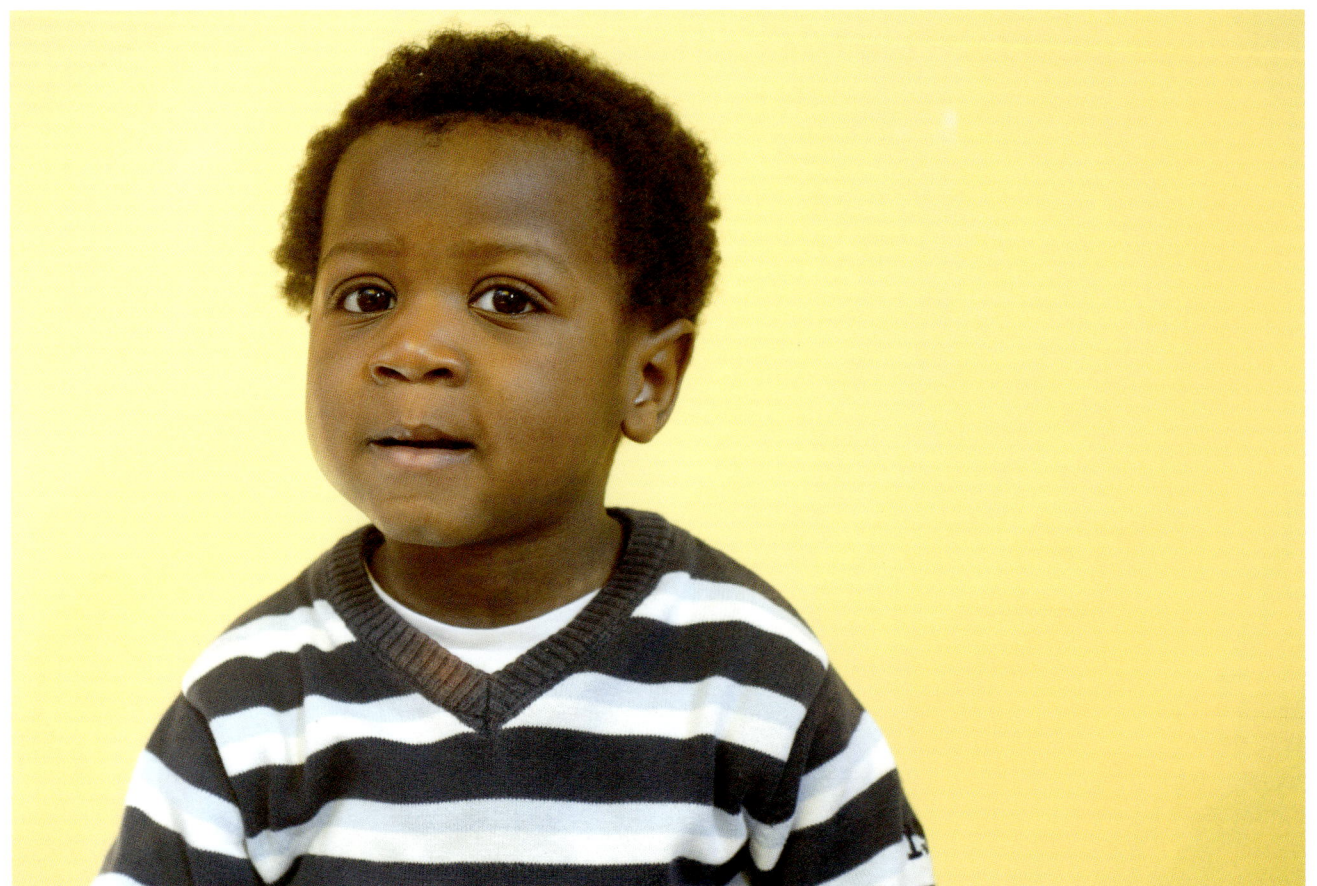

Merkpunkte

- Die Vorstellungen von Eltern, auf welche Weise und wann ihr Kind »sauber« sein sollte, können sich aufgrund des kulturellen Hintergrunds vom Verständnis der pädagogischen Fachkräfte in der Krippe unterscheiden.
- Konflikte zwischen pädagogischen Fachkräften und Eltern ergeben sich eher im Zusammenhang mit unterschiedlichen kulturellen Vorstellungen zur Sauberkeitserziehung als bei anderen Fragen der Körperpflege.
- Ein respektvoller Dialog mit den Eltern ist die Voraussetzung für die Entwicklung gegenseitigen Verständnisses, das auch die Basis für den Umgang mit dem Thema »Sauberkeit« liefert.

Reflexionsfragen

- Welche Informationen zu kulturell bedingten unterschiedlichen Umgangsformen mit der Sauberkeitserziehung haben wir in der Krippe?
- Auf welche Regeln und Maßnahmen im Rahmen der Körperpflege ihres Kindes legen die Eltern Wert? Was erwarten sie von der Krippe?
- Spielen religiöse/kulturelle Aspekte eine Rolle?
- Praktiziert die Familie eine spezielle Wickelmethode?
- Wie berücksichtigen wir in Wickelsituationen die Persönlichkeit des Kindes?
- Welche Vorstellungen und Erwartungen zum Thema »Pflege« haben wir? Haben wir die Eltern darüber informiert?
- Sind wir bereit, auf andere Vorstellungen einzugehen? Wie können wir die Vorstellungen der Eltern berücksichtigen?
- Unterstützen die Eltern unsere Vorgehensweise? Was können wir tun, um ihre Unterstützung zu erhalten?
- Welche Körpererfahrungen ermöglichen wir den Kindern? Wie stehen die Eltern dazu?

Zurück zur Praxis

Tatsächlich hatten einige Eltern ihre Kinder in der Krippe abgemeldet. Für andere Eltern bestand die Lösung darin, zu Hause zwar ihrem Modell entsprechend zu handeln, das davon abweichende Vorgehen der Erzieherinnen aber zu akzeptieren. Leider fand kein Gespräch mit den Eltern statt, in dem die jeweiligen Vorstellungen und Wünsche hätten thematisiert werden können, so dass sich die Fronten weiter verhärteten. Ein Austausch und die gemeinsame Suche nach einem Lösungsweg, mit dem die Eltern und die Erzieherinnen zufrieden sein können, hätte das Verhältnis von Familien und Krippe sicherlich verbessert.

Gesprächsleitfaden zur Aufnahme neuer Familien in der Kinderkrippe

Der Gesprächsleitfaden umfasst Fragen, die bei der Aufnahme neuer Familien in die Krippe helfen können, die Basis für einen guten Kontakt zu schaffen und Informationen zu erhalten, die Verständnis für das Kind und seine Bedürfnisse, die Familie und deren Hintergrund ermöglichen. Die Familie wiederum erhält durch den Austausch mit der pädagogischen Fachkraft Einblick in die Einrichtung und ihre Arbeitsweise. Rückfragen, die sich im Gespräch ergeben können, bieten weitere Anknüpfungspunkte.

Natürlich sollen die Fragen nicht wie in einem Interview gestellt werden. Der Leitfaden ist lediglich ein Angebot, das es ermöglichen soll, flexibel auf Situationen zu reagieren und die Fragen aufzugreifen, die thematisch gerade passen oder organisatorisch notwendig sind. Manche Fragen eignen sich für ein persönliches Infogespräch, ein Aufnahmegespräch oder einen Hausbesuch. Andere Fragen können während der Eingewöhnung gestellt werden.

Natürlich müssen nicht unbedingt alle Fragen beantwortet werden. Im Vorfeld ist es allerdings hilfreich, sich mit dem Leitfaden so auseinander zu setzen, dass die Fragen präsent sind und situationsangemessen genutzt werden können.

Sinn und Ziel des Gesprächsleitfadens ist es, das Kind und seine Familie besser kennen zu lernen und kulturelle Hintergründe berücksichtigen zu können, die sich in den Erwartungen der Eltern und der Art, wie sie mit ihrem Kind umgehen, widerspiegeln.

Für eine gelingende Zusammenarbeit sind Offenheit, Neugier und die Bereitschaft hilfreich, den jeweiligen Hintergründen der Familien in der pädagogischen Arbeit entgegenzukommen.

Spüren die Familien Interesse an ihrer Herkunft, wächst Vertrauen, und sie werden ermutigt, ihre Wünsche und Erwartungen mitzuteilen. Dies ermöglicht es dem Team, Verhaltensweisen des Kindes besser einzuordnen und das Verständnis für seine Familie zu vertiefen.

Damit Informationen im Alltag nicht verloren gehen, bietet es sich an, die Antworten auf die Fragen – das Einverständnis der Eltern vorausgesetzt – zu notieren. Dazu eignen sich Karteikarten oder Listen, die dem Portfolio des Kindes eventuell beigefügt werden können.

Gesprächsleitfaden zur Aufnahme neuer Familien in der Kinderkrippe[10]

- Welche Beziehungen und Kontakte hat Ihr Kind zu anderen Kindern?
- Wie viele und welche Bezugspersonen hat Ihr Kind?
- Wurde Ihr Kind bisher von anderen Personen betreut?
- Was ist Ihnen in der Erziehung Ihres Kindes wichtig?
- Welche Regeln und Rituale kennt Ihr Kind von zu Hause?
- Was ist Ihnen für die Entwicklung Ihres Kindes wichtig? Zum Beispiel: Höflichkeit, Respekt, Gehorsam, Ideenreichtum, Entscheidungsfreude, Selbstständigkeit, Zufriedenheit…
- Welche Erwartungen haben Sie an die Betreuung in unserem Haus?

Eingewöhnung

- Wird es Ihnen schwer fallen, Ihr Kind in der Krippe abzugeben? Wie können wir Sie unterstützen?
- Wie viel Zeit werden Sie für die Eingewöhnung Ihres Kindes haben?
- Wer wird die Eingewöhnung begleiten? Sie, Ihr Partner, die Großeltern, eine andere Person…
- Gab es bisher Trennungen vom Kind? Wenn ja, wie verliefen sie? Wie haben Sie sich dabei gefühlt? Wie hat das Kind sich gefühlt?
- Für Eltern mit Migrationshintergrund: Wie sieht außerhäusliche Betreuung kleiner Kinder in dem Land aus, in dem Sie geboren wurden? Wie läuft der Einstieg in diese Einrichtungen dort ab?

10 Erweiterte Version des Leitfadens aus: Winner, A./Erndt-Doll, E.: Anfang gut? Alles besser! verlag das netz, Weimar/Berlin 2009

- Was gefällt Ihnen daran? Was nicht? Warum?
- Was wünschen Sie sich bezüglich der Eingewöhnung in unsere Krippe? Was sind Ihre Erfahrungen und Überzeugungen?
- Wenn die Familiensprache nicht Deutsch ist: Wie gut versteht Ihr Kind Deutsch? Welche Begriffe, Redewendungen... kennt Ihr Kind?

Ernährung

- Welche Speisen und Getränke erhält Ihr Kind zu Hause?
- Welche Vorlieben, Abneigungen und Gewohnheiten hat Ihr Kind? Flasche, Tasse, Löffel... Was? Wann? Wie oft?
- Hat Ihr Kind eine Nahrungsmittelunverträglichkeit? Braucht es eine besondere Diät?
- Isst und trinkt Ihr Kind bevorzugt selbstständig oder mit Hilfe?
- Wie zeigt Ihr Kind, dass es Hunger oder Durst hat?

Schlafen

- Woran erkennen Sie, dass Ihr Kind müde ist?
- Schläft Ihr Kind während des Tages?
- Wie schläft Ihr Kind gewöhnlich ein? Was nimmt es zum Schlafengehen mit?
- Hat Ihr Kind eine bevorzugte Schlafposition?
- Was ist Ihr Kind gewohnt, wenn es aufwacht?

Sauberkeit

- Wird Ihr Kind gewickelt? Meldet es sich, wenn die Windel voll ist?
- Ist Ihr Kind an der Toilette, dem Topf interessiert?
- Wie äußert Ihr Kind sich, wenn es zur Toilette muss?
- Benötigt Ihr Kind bestimmte Pflegeprodukte?
- Gibt es Unverträglichkeiten oder Allergien bei Ihrem Kind?
- Wie verhält sich Ihr Kind beim Waschen? Mag Ihr Kind Wasser?

- Benutzt Ihr Kind schon den Zahnputzbecher und die Zahnbürste?

Spiel

- Spielt Ihr Kind gern allein? Ist es gewohnt, mit anderen Kindern oder Erwachsenen zu spielen?
- Wofür interessiert sich Ihr Kind zurzeit besonders?
- Was ist sein Lieblingsspielzeug, seine Lieblingsbeschäftigung?
- Was mag Ihr Kind nicht?
- Spielt Ihr Kind gern im Freien? Mag es Spaziergänge?

Allgemeiner Umgang mit dem Kind

- Wünschen Sie sich möglichst viele Freiheiten für Ihr Kind? Oder bevorzugen Sie einen klar strukturierten Tag mit vielen Vorgaben?
- Soll ihr Kind sich selbst aussuchen, was es essen und machen möchte? Oder soll es angeleitet werden?
- Welche Möglichkeiten soll Ihr Kind hauptsächlich haben: Spielen, Lernen, Singen, Turnen…?
- Wie trösten Sie Ihr Kind? Was machen Sie, wenn Ihr Kind weint?
- Wie und womit lässt sich Ihr Kind beruhigen?
- Wie rufen Sie Ihr Kind?
- Hat Ihr Kind einen Kosenamen? Wie sollen wir es nennen?
- Ist Ihr Kind ängstlich? Wenn ja, wovor hat es Angst? Wie verhält sich Ihr Kind in diesem Fall? Wie reagieren Sie darauf?

Dialog mit den Eltern

- Wollen Sie regelmäßig mit uns darüber sprechen, wie Ihr Kind sich zu Hause und bei uns entwickelt?
- Welche Form der Elternarbeit wünschen Sie sich?
- Werden Sie an Elternabenden teilnehmen können?
- Welches Angebot zur Zusammenarbeit würden Sie nutzen: Elternabend, Elterngespräch, Elternfrühstück, Elterncafé?
- Wie stellen Sie sich morgens die Übergabe vor?
- Glauben Sie, dass es Ihrem Kind schwer fallen wird, bei uns zu bleiben?

Allgemeines

- Aufnahmegesprächspartner/in:
- Aufnahmedatum:
- Name des Kindes:
- Mädchen/Junge:
- Ruf- oder Kosename:
- Geburtsdatum:
- Erziehungsberechtigte Personen:
- Anschrift der Eltern:
- Familiensprache:
- Weitere Sprachen, welche:
- Geschwister:
- Abholberechtigte Personen:
- Vorsorgeuntersuchungen:
- Kinderkrankheiten, sonstige Krankheiten, Unverträglichkeiten und Allergien:
- Betreuungszeiten:
- Einverständniserklärungen für Ausflüge, Filmaufnahmen/Fotos für das Portfolio/Tagebuch/Lerngeschichten, die Weitergabe von Namen, Anschrift und Telefonnummer für Elternkontakte

Allgemeine Informationen über die Eltern

- Berufstätigkeit der Eltern, Anschrift der Eltern, Handynummer…

© 2000 Ravensburger Buchverlag Otto Maier GmbH · D-88188 Ravensburg
Illustrationen: Anne Ebert · Text: Andrea Erne
Redaktion: Christine Pätz · Printed in Italy

ISBN 3-473-30885-4

Erst an die Mama gekuschelt
Tierkinder
und Höhlen.

Nachwort

Das Heft entstand im Rahmen der Arbeitsgruppe »Kultursensitive Aspekte in der Krippenpädagogik« des Niedersächsischen Institutes für frühkindliche Bildung und Entwicklung (nifbe). In dieser Arbeitsgruppe untersuchten Fachleute aus Praxis und Wissenschaft im engen Austausch Schlüsselsituationen des Krippenalltags hinsichtlich einer kultursensitiven Herangehensweise. Beteiligte waren auch die Stadt Oldenburg, der Verein für Kinder e.V. Oldenburg sowie Vertreter des Fachgebiets »Entwicklung und Kultur« der Universität Osnabrück.

Unser besonderer Dank gilt den Mitarbeiterinnen und Mitarbeitern der kooperierenden Krippen der Stadt Oldenburg sowie des Vereins für Kinder e.V. Oldenburg, die unsere Ideen auf ihre Alltags- und Praxistauglichkeit überprüften und uns hilfreiche Rückmeldungen gaben.

Das Autorenkollektiv

Dr. Jörn Borke

Diplom-Psychologe, wissenschaftlicher Mitarbeiter der Forschungsstelle »Entwicklung, Lernen und Kultur« des Niedersächsischen Instituts für frühkindliche Bildung und Entwicklung (nifbe), Leiter der Babysprechstunde Osnabrück, tätig als Ausbilder im Rahmen der Zusatzausbildung Fachkraft Kleinstkindpädagogik (VHS) und als Lehrbeauftragter an der Fachhochschule Osnabrück im Studiengang Elementarpädagogik, Forschungs-, Lehr- und Weiterbildungstätigkeiten an der Universität Osnabrück in verschiedenen Bereichen der Entwicklungspsychologie und psychosozialen Beratungsarbeit

Kontakt:
Niedersächsisches Institut für frühkindliche Bildung und Entwicklung (nifbe)
Forschungsstelle Entwicklung, Lernen und Kultur
Artilleriestr. 34
49069 Osnabrück
E-Mail: J_Borke@gmx.de

Alke Brouer

Diplom-Pädagogin, Fachberaterin für Kindertagesstätten bei der Stadt Oldenburg

Kontakt:
Amt für Jugend, Familie und Schule
Bergstr. 25
26122 Oldenburg
E-Mail: alke.brouer@stadt-oldenburg.de

Hanna Bruns

Diplom-Sozialarbeiterin, Familienmediatorin, Pädagogische Fachbereichsleitung und Fachberaterin beim Kindertagesstätten- und Beratungs-Verband e.V. (KiB). Freiberuflich tätig im Bereich Mediation und Konfliktmanagement, Familienmediation, Fortbildungsangebote für Erzieherinnen und Eltern

Kontakt:
KiB e.V.
Lange Straße 58
26122 Oldenburg
E-Mail: hanna.bruns@kib-ol.de

Paula Döge

Diplom-Psychologin, wissenschaftliche Mitarbeiterin in der Forschungsstelle »Entwicklung, Lernen und Kultur« des Niedersächsischen Instituts für frühkindliche Bildung und Entwicklung (nifbe), Stipendiatin im Forschungskolleg »Frühkindliche Bildung« der Robert Bosch Stiftung, tätig in Fortbildungen zu den Themen »Familien im Kulturvergleich«, »Kulturelle Entwicklungspfade« und »Sprache und Kultur«

Kontakt:
Niedersächsisches Institut für frühkindliche Bildung und Entwicklung (nifbe)
Forschungsstelle Entwicklung, Lernen und Kultur
Artilleriestr. 34
49069 Osnabrück
E-Mail: paula.doege@nifbe.de

Beate Hamilton-Kohn

Diplom-Sozialpädagogin, Diplom-Pädagogin, Projektleiterin DialogWerk Braunschweig, Kitafachberatungstätigkeit in den Regionen Braunschweig, Wolfsburg, Gifhorn und Salzgitter, Weiterbildungs- und Vortragstätigkeit, Lehrbeauftrage an der Hochschule für angewandte Wissenschaft und Kunst, Studiengang »Bildung und Erziehung«

Kontakt:
DialogWerk Braunschweig
Koordinierungsstelle für alltagsintegrierte Sprachbildung und Sprachförderung
Alte Waage 15
38100 Braunschweig
E-Mail: beate.hamilton-kohn@vhs-braunschweig.de

Vanessa Harting

Bildungs- und Erziehungswissenschaftlerin (MA), Integrative Frühpädagogin (BA), Erzieherin, Pädagogische Fachberatung für Kindertageseinrichtungen im Kirchenkreis Nordfriesland, Weiterbildungs- und Sensibilisierungstätigkeiten als Europabeauftragte in der frühkindlichen Bildung

Kontakt:
Pädagogische Fachberatung für Ev. Kindertagesstätten
Osterstraße 17

25911 Leck
Tel.: 0175/295 66 00
E-Mail: harting@kirchenkreis-nordfriesland.de

Prof. Dr. Joscha Kärtner

Diplom-Psychologe, ehemaliger Mitarbeiter der Forschungsstelle »Entwicklung, Lernen und Kultur« des Niedersächsischen Instituts für frühkindliche Bildung und Entwicklung (nifbe), seit Oktober 2012 Leiter der Entwicklungspsychologie am Institut für Psychologie der Westfälischen Wilhelms-Universität Münster, Forschungsschwerpunkte: kulturvergleichende Untersuchungen in den Bereichen intuitives Elternverhalten, frühe Mutter-Kind-Interaktion im ersten Lebensjahr, sozialkognitive Entwicklung (Selbstkonzept, Empathie und prosoziales Verhalten) im zweiten Lebensjahr

Kontakt:
Arbeitseinheit Entwicklungspsychologie
Institut für Psychologie
Westfälische Wilhelms-Universität Münster
Fliednerstr. 21
48149 Münster
E-Mail: j.kaertner@uni-muenster.de

Hannelore Kleemiß

Diplom-Pädagogin, seit 1997 in der Geschäftsführung des Verein für Kinder e.V. in Oldenburg tätig, fachlich zuständig für den Krippenbereich: Fachberatung, Fortbildung, Vernetzung

Kontakt:
Verein für Kinder e.V.
Schulstr. 12
26135 Oldenburg
E-Mail: h.kleemiss@verein-fuer-kinder.de

Karina Pypec

Erzieherin und Integrative Frühpädagogin (BA), zurzeit stellvertretende Leiterin der Krippe Sternenwiege e.V. Oldenburg

Kontakt:
Wieselweg 3
26209 Hatten
E-Mail: karina.pypec@web.de